'Sophie's Zentangle' appartient à la collection de..............................

© 2021, sophie queuniez
Édition : BoD – Books on Demand,
12/14 rond-point des Champs-Élysées, 75008 Paris
Impression : BoD - Books on Demand,
Norderstedt, Allemagne
ISBN : 9782322387342
Dépôt légal : Novembre 2021

Artiste peintre et illustratrice, je suis très heureuse de vous présenter mon deuxième livre de coloriages pour adultes « Sophie's Zentangle ».
Ces dessins, faits à la main par mes soins, sont directement inspirés de l'art du Zentangle, une méthode de dessin méditatif, basée sur l'enchevêtrement de motifs divers.
Comme mon premier livre « Sophie's Gems », on y retrouve des portraits, des mandalas, des animaux, des fleurs, de créatures marines...
Je remercie mon mari pour son soutien et son travail de photographie et d'infographie.

Vous pouvez me retrouver et me suivre :
-Sur ma page Facebook 'Coloriages et Illustrations de Sophie Queuniez'
-Sur mon groupe Facebook 'Coloriages Adultes Art thérapie'
-Sur Instagram 'Sophie Queuniez_artistepeintre'
-Sur mon site www.sophiequeuniezartistepeintre.com

J'espère que vous passerez à nouveau des moments agréables de détente et de créativité avec mes nouveaux dessins !!
Vous pouvez mettre en couleur mes dessins avec toutes les techniques : crayons de couleur, pastels, feutres, aquarelle, peinture...

Copyright 2021 Sophie Queuniez
Tous droits réservés
La reproduction des pages est autorisée pour un usage personnel
Toutes œuvres et images sont protégées par Copyright
Toute reproduction, distribution ou transmission de l'ouvrage ou d'une partie de ce livre est interdite sans l'autorisation écrite expresse de l'artiste.

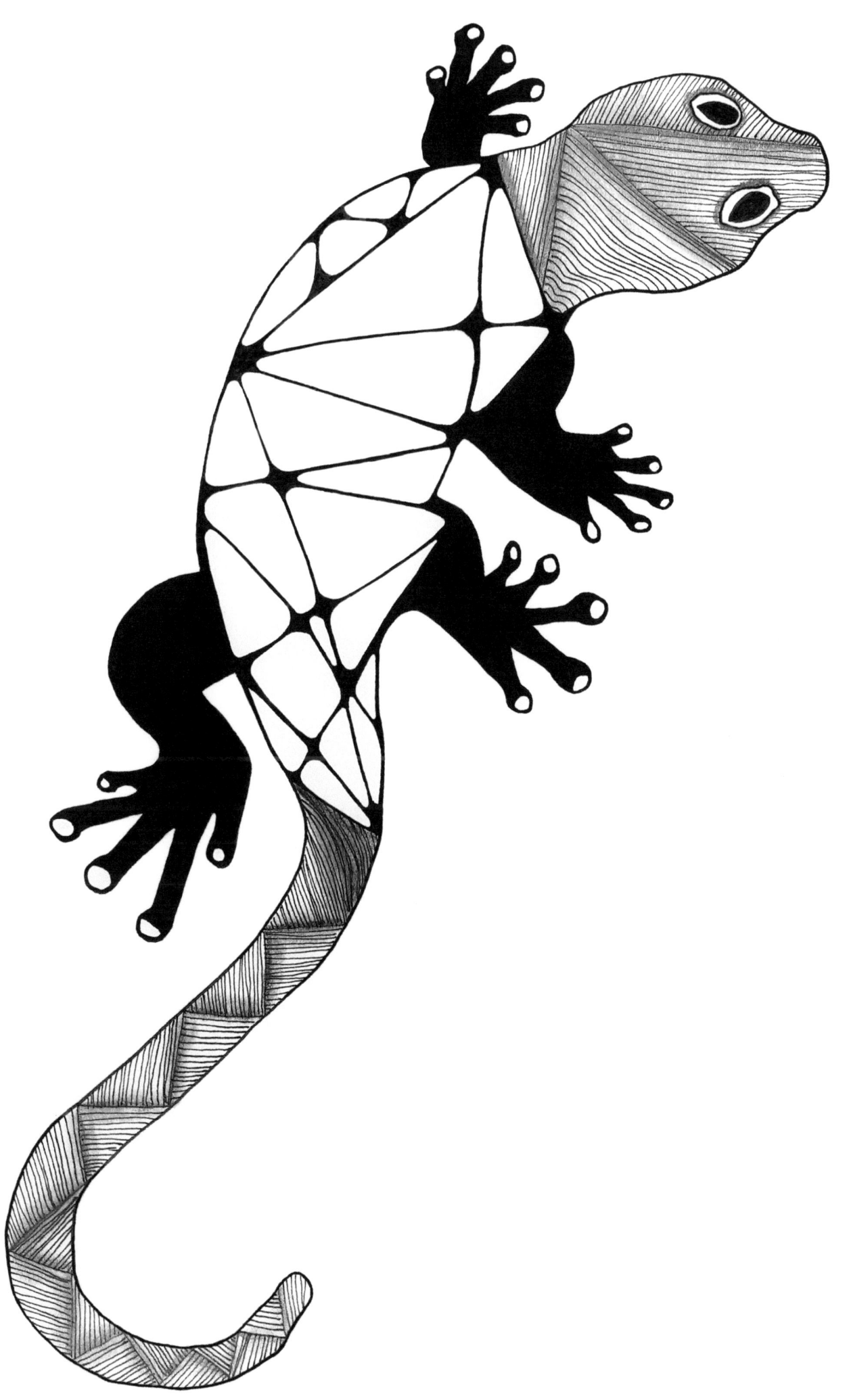

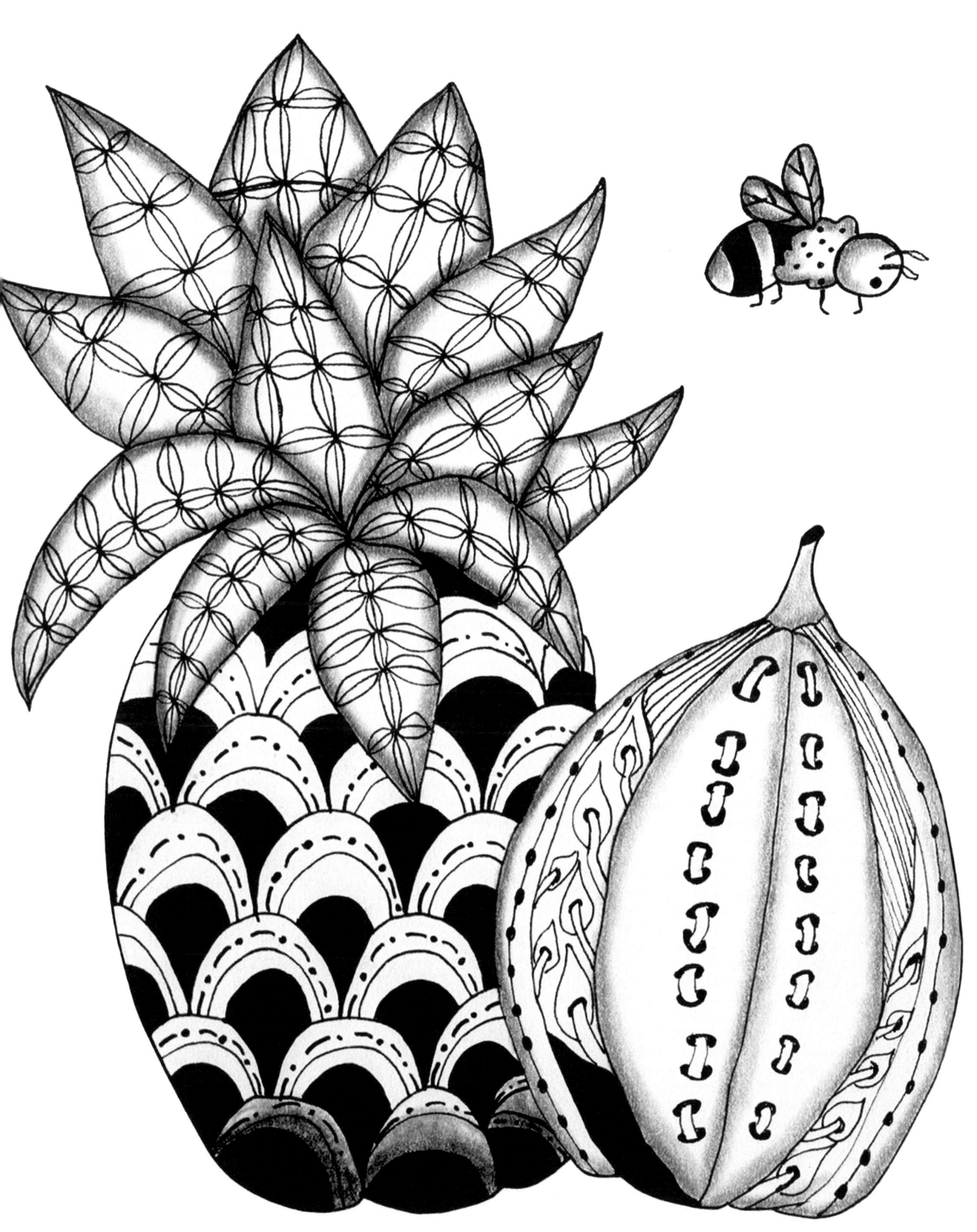

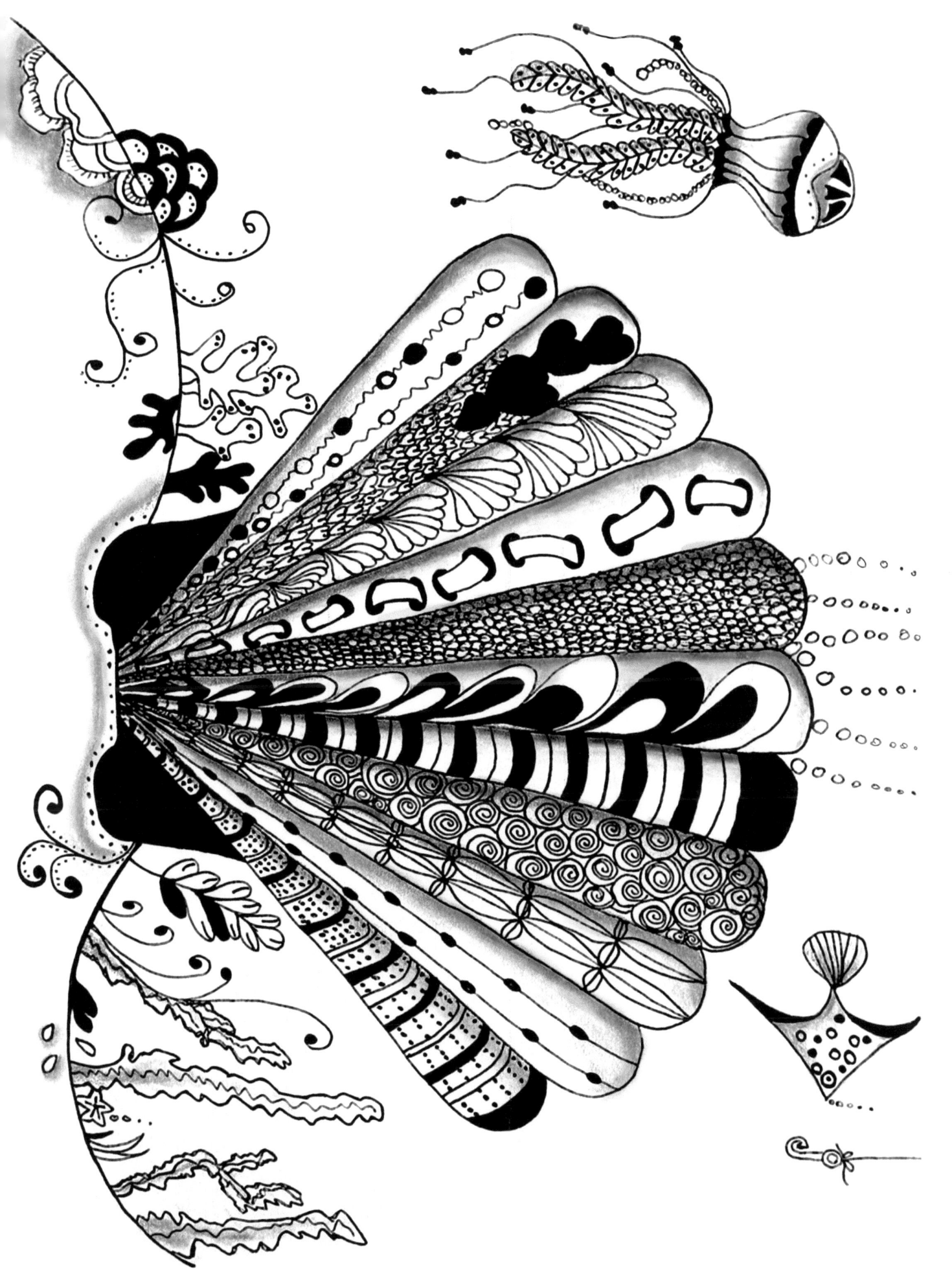

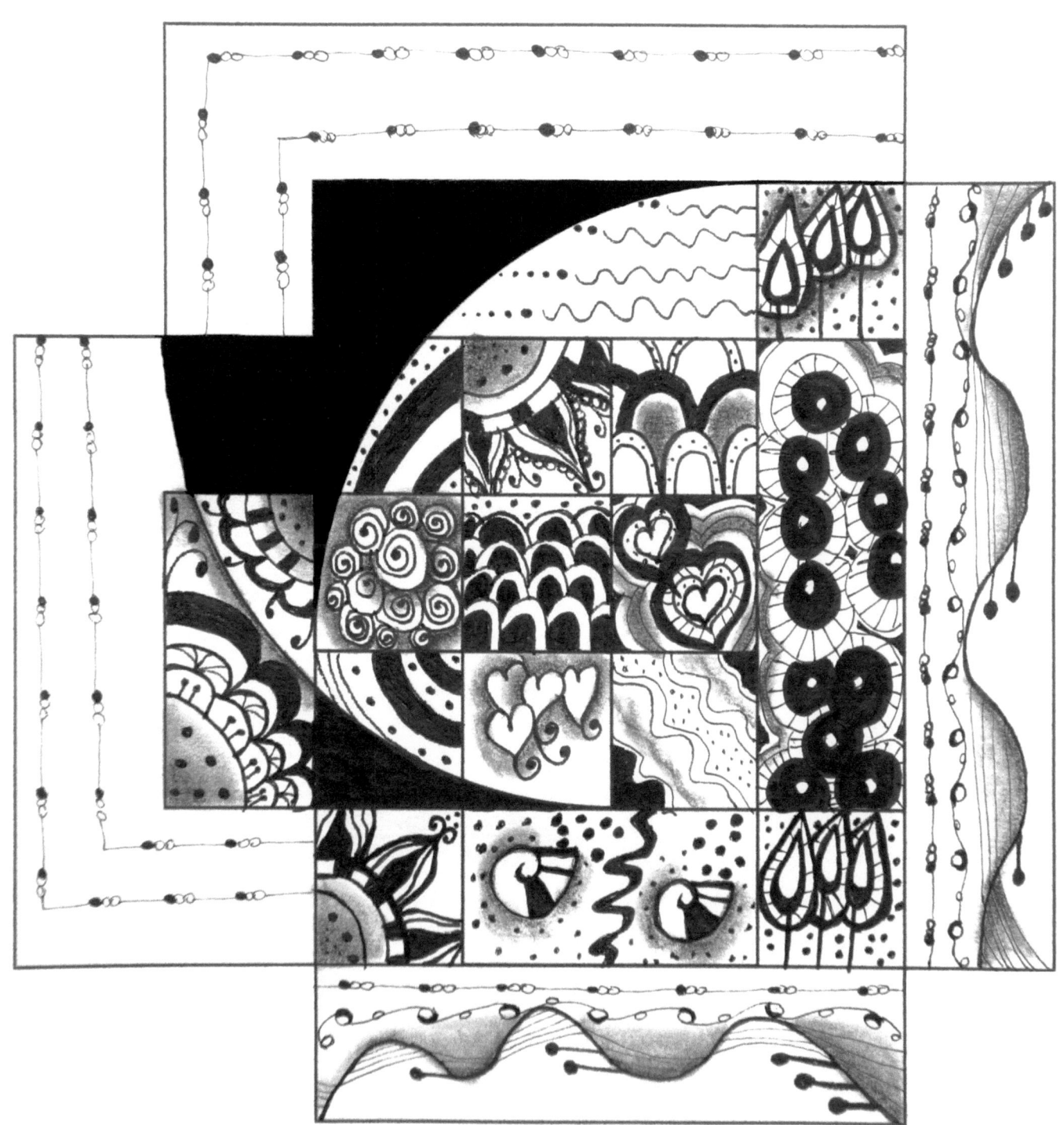

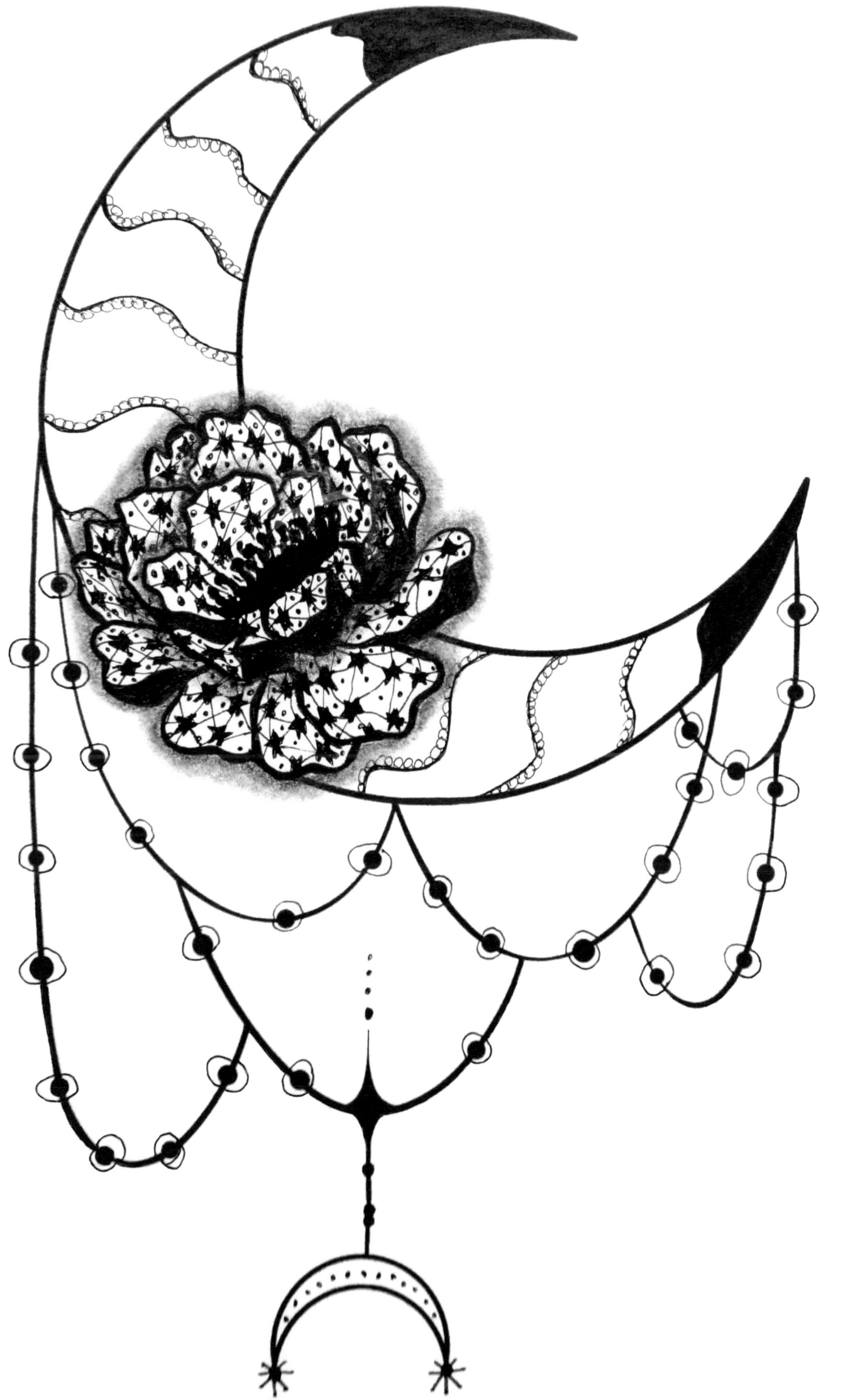

# Roue des couleurs....

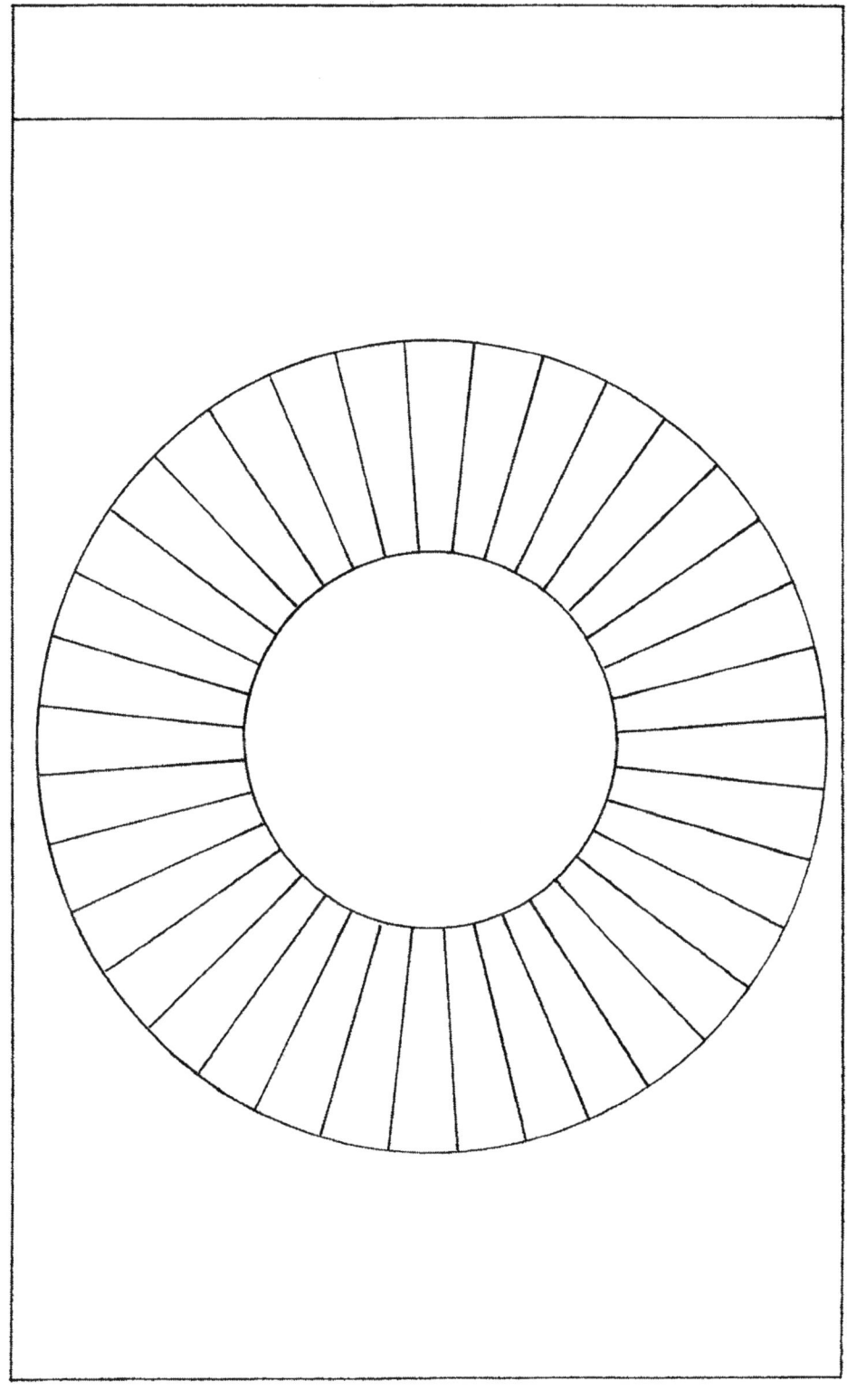

Testez vos couleurs ici....